Ministère de l'Enseignement Supérieur, de la Recherche Scientifique et de l'Innovation
(MESRSI)
Secrétariat Général **(SG)**
Ecole Supérieure de Microfinance **(ESMi)**

BURKINA FASO

Unité-Progrès- Justice

Marcher dans la voie de l'intelligence

MEMOIRE DE FIN DE CYCLE

Pour l'obtention du Diplôme de Master Professionnel

Option : Audit et Contrôle

Stage effectué du 1er février au 31 mai 2020

THEME :

> **ADÉQUATION DES RESSOURCES AUX DÉPENSES BUDGÉTAIRES DE L'ENAREF :**
> Quelles niches d'activités pour un meilleur financement en vue d'une formation de qualité au profit de l'administration économique et financière ?

Soutenu Publiquement le 1er Août 2020 par : Yves Francis NONGANA

Directeur de Stage

Dr. Nébila Amadou YARO
Docteur en Droit des Affaires et Economiques-Juriste-Fiscaliste

Directeur de mémoire

M. Narcisse L. BASSOLE
Enseignant à l'ESMi

Année académique 2019-2020

DEDICACE

A notre fils Bénéwendé Sié Ghislain Nicolas

REMERCIEMENTS

Ce mémoire doit en partie son aboutissement aux concours de nombreuses personnes. Nous aurions été certainement plus justes de remercier nommément chacune d'elles. Mais, la longue liste des généreux contributeurs s'oppose à cette volonté sincère. Cependant, nous tenons à témoigner notre gratitude à quelques-unes de ces personnes pour leur contribution particulière. Ainsi, nos remerciements vont à l'endroit de :

- M. Narcisse L. BASSOLE, notre Directeur de Mémoire, qui en dépit de ses multiples occupations professionnelles, a accepté de nous accompagner, par ses conseils, ses avis et ses suggestions pour l'aboutissement de ce travail ;
- Dr. Nébila Amadou YARO, pour sa disponibilité et son écoute ;
- Monsieur le Directeur Général de l'ENAREF ;
- Les Directeurs Techniques et le personnel de l'ENAREF ;
- la Direction Générale de l'ESMi et tout le corps professoral pour la qualité de la formation reçue ;
- M. Abdoulaye SORE, Consultant en Gestion des Ressources Humaines, pour ses conseils et suggestions ;
- Dr. Issa DIANDA, Macro-économiste, Conseiller en Etudes et Analyses à la Direction Générale des Etudes et des Statistiques Sectorielles (DGESS) au Ministère de l'Environnement de l'Economie Verte et du Changement Climatique pour sa disponibilité et ses conseils avisés ;
- Nos collègues, amis et parents pour leurs soutiens multiples et multiformes ;
- tous ceux qui, de près ou de loin ont apporté leur soutien à la réalisation de ce document et dont les noms n'ont pu être cités.

LISTE DES SIGLES ET ABREVIATIONS

ABF	: Agent à Besoin de Financement
ACF	: Agent à Capacité de Financement
AG	: Assemblée Générale
CA	: Conseil d'Administration
ENAREF	: Ecole Nationale des Régies Financières
EOQ	: Economic Ordering Quantity
EPE	: Établissement Public de l'Etat
FCFA	: Franc de la Communauté Financière d'Afrique
MINEFID	: Ministère de l'Economie, des Finances et du Développement
ODD	: Objectifs de Développement Durable
PNDES	: Plan National de Développement Economique et Social
PNUD	: Programme des Nations Unies pour le Développement
SE	: Sociétés d'Etat
UEMOA	: Union Economique et Monétaire Ouest Africaine

LISTE DES TABLEAUX

Tableau 1 : Exemple sur la détermination du budget de trésorerie 13

LISTE DES GRAPHIQUES

Graphique 1 : Un système simplifié de gestion des finances publiques 11
Graphique 3: Appréciation de la gestion de la trésorerie 20
Graphique 4 : Appréciation du niveau des recettes propres 21
Graphique 5 : évolution des recettes propres 22
Graphique 6 : Impact de la régulation budgétaire 23
Graphique 7 : régulation budgétaire et qualité de l'enseignement 24

AVANT-PROPOS

L'École Supérieure de Microfinance (ESMi) n'entend donner aucune approbation, ni improbation aux informations, analyses et conclusions contenues dans le présent mémoire.

Celles-ci doivent par conséquent être considérées comme propres à leurs auteurs.

SOMMAIRE

DEDICACE II

REMERCIEMENTS III

LISTE DES SIGLES ET ABREVIATIONS IV

LISTE DES TABLEAUX V

LISTE DES GRAPHIQUES V

AVANT-PROPOS VI

SOMMAIRE VII

INTRODUCTION GENERALE 1

CHAPITRE I : CADRE THEORIQUE ET CONCEPTUEL DE L'ETUDE 5

1. Financement de l'économie 5
2. La trésorerie : concept, approches et enjeu 6

CHAPITRE II : PRESENTATION DE L'ENAREF 14

1. Vision et Missions de l'ENAREF 14
2. Organisation de l'ENAREF 15
3. Direction de l'Administration des Finances (DAF) 15
4. Dispositif de gestion de la trésorerie 18

CHAPITRE III : ANALYSE DIAGNOSTIQUE DE LA SITUATION DE LA TRESORERIE DE L'ENAREF ET PROPOSITION D'UNE STRATEGIE DE NICHES D'ACTIVITES POUR UN ACCROISSEMENT DES RECETTES PROPRES 19

1. Appréciation de la situation de trésorerie de l'ENAREF 19
2. Propositions pour accroitre les recettes propres de l'ENAREF 25

CONCLUSION GENERALE 28

BIBLIOGRAPHIE 30

Annexe : Guide d'entretien X

INTRODUCTION GENERALE

La situation socio-économique du Burkina Faso, plus de 50 ans après son indépendance, n'est guère reluisante. En effet, avec un revenu national brut par habitant de 660 $ US, le Burkina Faso est classé avec 30 autres pays comme étant un pays à faible revenu[1] (Banque mondiale 2019). De même, selon le rapport 2019 sur le développement humain (PNUD 2019) l'indice de développement humain du Burkina Faso est ressorti à 0,434, plaçant le pays au 46ème rang africain sur 53 pays et au 182ème rang sur 189 pays classés au niveau mondial. Par ailleurs, la pauvreté sévit dans le pays. En 2014 par exemple, 40,1% de la population vivait en dessous du seuil de pauvreté évalué à 153 530 FCFA par personne selon les données du plan national de développement économique et social (PNDES) 2016 (Gouvernement du Burkina Faso 2016). De plus, le rapport de la surveillance multilatérale de la Commission de l'UEMOA (2019) révèle que le taux de pression fiscale est ressorti à 17, 2% en 2018, en deçà de la norme de 20% du critère de convergence dans l'UEMOA. Au regard de cette situation, la mobilisation des ressources financières à travers le renforcement du recouvrement des recettes d'une part et la disponibilité des ressources humaines de qualité d'autre part, s'avèrent être un impératif pour assurer le développement durable et inclusif du pays et le faire sortir du cercle vicieux de la pauvreté.

A cet égard, la conception et la mise en œuvre de politiques économiques et sociales audacieuses, en phase avec les réalités et s'insérant dans l'agenda international de développement notamment les objectifs de développement durable (ODD) et l'agenda 2063 de l'Union Africaine est incontournable. Aussi, nonobstant le rôle primordial accordé au secteur privé comme moteur de croissance et locomotive du développement à l'ère de la libéralisation économique, il n'en demeure pas moins que le rôle de l'Etat, dans l'impulsion de la vision et la création d'un environnement favorable à l'éclosion d'un secteur privé dynamique et compétitif reste crucial. Du reste, l'histoire du développement des nations enseigne le rôle crucial dévolu à l'Etat dans le processus de développement socio-économique et subséquemment dans la promotion du bien-être des populations. Ainsi, l'Etat, en tant que fournisseur de biens publics, facilitateur et coordinateur stratégique (Nyambal 2008) a toujours un rôle majeur à jouer.

---

[1] Chaque année, la Banque mondiale classe les économies du monde en quatre catégories suivant le niveau de revenu national brut par habitant en dollars courants. Pour l'exercice 2020 en cours, les économies à faible revenu sont définies comme celles dont le revenu par habitant est de 1025 $ US ou moins en 2018, les pays à revenu intermédiaire de la classe inférieur sont ceux dont le revenu national brut par habitant compris entre 1026 et 3995$ US ; les pays à revenu intermédiaire de la classe supérieur ont un revenu national brut par habitant compris entre 3996 et 12375 $ US et les pays sont à revenus élevés ont un revenu national brut par habitant supérieur ou égal à 12376 $ US.

Dans cette perspective, les théoriciens du capital humain et de la croissance endogène ont mis en exergue l'importance du capital humain dans la croissance et le développement économique (T. Schultz 1961, Becker 1964, P. T. Schultz 2010, Barro 2013). Ainsi, la formation d'un capital humain de qualité pour un meilleur pilotage de l'économie en vue de créer un environnement propice aux activités d'un secteur privé dynamique et compétitif reste essentielle. Dans la même optique, une meilleure mobilisation des ressources financières pour financer les nombreux chantiers du développement demeure un des enjeux majeurs pour le pays. Conscient du rôle primordial que des ressources humaines de qualité de la chaine économique et financière jouent dans le processus de développement et en vue de répondre à ce besoin, l'Etat Burkinabé a créé l'Ecole Nationale des Régies Financières (ENAREF) en 1988.

L'ENAREF est une école de formation professionnelle, spécialisée dans le domaine de l'économie et des finances. Dans le cadre de ses missions, elle dispense une formation professionnelle initiale aux élèves-fonctionnaires et aux fonctionnaires élèves de l'administration économique et financière du Burkina Faso. En plus des recrues de l'Etat Central, des auditeurs libres issus du secteur privé, de pays partenaires et des collectivités territoriales y sont formés. Elle mène aussi des études et des recherches dans les domaines de l'économie et des finances publiques dans l'optique d'éclairer les décisions publiques y relatives. De plus, elle élabore et anime des programmes de formation continue dans ses domaines de prédilection en vue de renforcer les compétences critiques des administrations économiques et financières du pays et de ses partenaires.

Prenant conscience de manière aiguë de son rôle dans l'émergence d'un pays à faibles revenus comme le Burkina Faso, l'ENAREF fait de la qualité de ses prestations, une de ses priorités. Cette vision a conduit la direction de l'école dans une dynamique de quête permanente de l'excellence. Elle a entamé pour ce faire, un long processus ayant abouti à la certification de l'école suivant la norme de qualité ISO 9001 version 2015 en 2016. Cette certification hisse l'ENAREF au rang de première institution publique certifiée au Burkina Faso. Ce prestige attire de plus en plus, des étudiants provenant d'autres pays grâce au partenariat que l'école a noué avec des institutions au niveau africain et à l'échelle internationale. Dès lors, l'école se doit d'améliorer continuellement ses performances, afin de satisfaire au mieux ses clients.

Cette amélioration exige à n'en point douter, des ressources financières conséquentes dans l'optique d'assurer de manière adéquate sa mission.

Or, en tant qu'établissement public de l'Etat (EPE), les ressources de l'ENAREF proviennent des recettes propres d'une part et de la subvention de l'Etat d'autre part. Ces ressources lui permettent de mener à bien ses activités afin de fournir au pays des Hommes intègres, des hommes et des femmes compétents pour le servir au sein de l'administration économique et financière.

Toutefois, les recettes propres sont relativement faibles dans le financement des activités de l'école. En effet, sur la période 2013-2018, elles ont représenté moins de 30% des ressources de l'ENAREF. Aussi, l'école n'arrive pas à stabiliser ses recettes propres. Cette situation rend difficile la gestion de la trésorerie et est de nature à impacter les prévisions et les réalisations des activités. Pourtant, la non réalisation de certaines activités en raison du manque de ressources peut jouer sur la qualité des activités pédagogiques, et in fine, affecter celle de la formation.

Pour ce qui est de la subvention, elle a représenté 73% des ressources de l'école sur la période sous-revue. Il importe toutefois de noter que l'ENAREF, tout comme la plupart des administrations publiques, fait face ces dernières années aux régulations budgétaires liées à la conjoncture économique. Ces régulations concernent souvent des montants très importants, toute chose qui rend difficile la gestion de la trésorerie et impacte négativement la tenue des activités. Ainsi, les régulations sont de nature à entacher la qualité de la formation des élèves en raison de leur effet sur les activités pédagogiques. Pour les années 2014, 2015 et 2018 par exemple le montant régulé a dépassé le seuil de 100 millions de FCFA.

Aussi, dans le cadre de la mise en œuvre du Plan National de Développement Economique et Social (PNDES), la volonté des autorités de mettre l'accent sur la mobilisation des ressources domestiques en vue de financer le développement est nettement affirmée. Sur un coût total estimé à 15395,4 milliards de francs CFA, 9825,2 milliards de francs CFA sont prévus pour être financés sur ressources propres de l'État, soit 63,8% du coût total. Du reste, dans le cadre de l'agenda 2063 de l'Union Africaine et les objectifs de développement durables, la mobilisation des ressources internes est privilégiée. L'accent mis sur les ressources internes se justifie d'une part par la quête d'un financement durable du développement et la tendance baissière de l'aide publique au développement d'autre part.

Ce contexte du pays, couplé à la faiblesse de la mobilisation des recettes propres et la régulation budgétaire précédemment évoquée, légitiment l'approfondissement de la réflexion sur les niches possibles de mobilisation des recettes propres en vue de permettre à l'école de mieux gérer sa trésorerie tout en remplissant sa mission de service public.

Cette réflexion est d'autant plus nécessaire que ce sont les travailleurs formés par l'ENAREF qui collectent la plus grande proportion de ressources sur le terrain. Relativement à cette réflexion, la question fondamentale à laquelle notre recherche cherche à répondre est la suivante : **Comment améliorer les recettes propres de l'ENAREF ?**

De cette question principale, découlent des deux questions spécifiques :

(i) **quelle est la situation de trésorerie de l'ENAREF sur la période récente ?**

(ii) **quelles sont les niches d'activités exploitables par l'école afin d'accroitre ses recettes propres?**

Au regard de cette problématique principale, l'objectif de ce mémoire est de contribuer à une meilleure gestion de la trésorerie de l'école à travers l'identification des niches d'activités en vue d'un financement plus sûr et pérenne des activités dans l'optique de former de façon adéquate les ressources humaines.

De manière spécifique, il s'agira de :

(i) **faire une analyse diagnostique de la situation de trésorerie de l'ENAREF à travers ses sources de financement sur la période récente ;**

(ii) **proposer des niches d'activités à exploiter pour accroitre ses recettes propres**

Pour atteindre ces objectifs, la recherche part de deux hypothèses :

- La première postule que la faiblesse des ressources propres et la régulation budgétaire impactent négativement la gestion de la trésorerie de l'ENAREF;
- Quant à la seconde, elle stipule l'existence de niches d'activités dont l'exploitation permet un accroissement des recettes propres.

Pour tester ces hypothèses, en plus de l'analyse documentaire qui a permis de donner un soubassement théorique à cette recherche, un questionnaire a servi de guide d'entretien auprès des acteurs clefs de l'école. La présentation des résultats de recherche est organisée en trois chapitres. Le premier chapitre aborde l'approche théorique et conceptuelle de la recherche. L'ENAREF et ses domaines d'activités sont présentés dans le chapitre deux. Le dernier chapitre est consacré à l'analyse des sources de financement, les problèmes qui en découlent et les niches d'activités à explorer pour améliorer les recettes propres et partant la gestion de la trésorerie de l'école.

CHAPITRE I : CADRE THEORIQUE ET CONCEPTUEL DE L'ETUDE

Le présent chapitre expose et clarifie les concepts majeurs de cette recherche que sont le financement et la gestion de la trésorerie. Ainsi, dans une première section, la problématique du financement de l'économie est abordée. La deuxième section traite de la gestion de la trésorerie

1. Financement de l'économie

Le financement de l'économie désigne l'ensemble des modalités par lesquelles les agents économiques se procurent les fonds nécessaires à la réalisation de leurs activités. Il a trait à la fois au financement des entreprises (investissement productif), au financement des administrations publiques (dépenses publiques) et au financement des ménages (investissement immobilier). Parmi ces agents, on distingue deux types : les Agents à Capacité de Financement (ACF) et les Agents à Besoin de Financement (ABF). Les agents à capacité de financement sont les agents économiques dont les revenus sont supérieurs aux dépenses. Une fois leurs dépenses courantes et leurs investissements financés, les ACF disposent d'excédents financiers. Ils s'autofinancent et réalisent une épargne financière, qui peut être placée. Les ABF, eux, sont les agents économiques dont les dépenses excèdent les revenus. Ils ne peuvent se financer qu'en faisant appel à d'autres agents. Ils doivent donc faire appel à un financement externe. En général, les entreprises et l'Etat sont des ABF alors que les ménages sont des ACF.

1.1. Financement interne versus financement externe

Le financement des activités économiques peut être réalisé de deux manières : de façon interne et ou externe. Le financement interne est réalisé par voie d'autofinancement, qui correspond au financement de l'investissement d'un agent économique grâce à l'épargne qu'il a dégagée. Le financement externe est réalisé en recourant aux ressources d'autres agents économiques à travers le système monétaire et financier. Il peut être direct ou indirect et se fait par le truchement du système et des intermédiaires financiers.

1.2. Financement direct versus financement indirect

On désigne par financement direct, le mécanisme par lequel un ABF obtient des ressources directement auprès d'un ACF sans passer par un intermédiaire. Pour ce faire, l'ABF émet des titres (actions, obligations) qui sont acquis par les agents ayant des excédents de financement.

La transaction s'effectue sur le marché des capitaux à court terme (marché monétaire) ou à long terme (marché financier). Lorsque le financement direct dans une économie est prédominant, on parle d'économie de marché (Monier 2009).

On parle de finance indirecte ou de finance intermédiée pour désigner le mode de financement par les intermédiaires financiers. Les intermédiaires financiers sont définis comme des entreprises dont l'activité principale consiste à fournir des services et produits financiers (Bodie et Merton 2011 a). Ils collectent les fonds des ACF et les prêtent aux ABF. Ils se font rémunérer pour ce service par le biais des intérêts qu'ils font payer aux demandeurs de capitaux.

Le financement externe est qualifié de monétaire lorsque les banques réalisent les opérations de crédit par la création de ressources monétaires nouvelles. Le financement non monétaire correspond à la transformation de l'épargne de certains agents en financement pour d'autres. Il s'agit d'un financement lié à des ressources préexistantes (l'épargne constituée par les agents économiques). En cas de prédominance du financement intermédié dans une économie, on parle d'économie d'endettement. Au fil du temps et du processus de développement, on assiste à une mutation du financement de l'économie, l'économie de marché prenant le pas sur l'économie d'endettement.

Les administrations publiques, tout comme l'Etat Central, sont pour la plupart du temps, des agents à besoin de financement. Elles génèrent des recettes à partir de la contrepartie des services qu'elles rendent aux citoyens. La fourniture de ces prestations de services nécessite des ressources et il faut engager des dépenses. Toutefois, ces administrations ne disposent pas toujours d'assez de ressources pour faire face aux engagements des partenaires. Ainsi, il n'y a pas d'adéquation parfaite entre les recettes et les dépenses. D'où l'intérêt d'une meilleure gestion de la trésorerie.

2. La trésorerie : concept, approches et enjeu

La trésorerie a été longtemps considérée comme une activité statique d'exécution du budget, de nature relativement secondaire et principalement dévolue à gérer les flux financiers et à assurer un fonds de roulement (Isler, Raetz et Ferrari 2000). A partir des années 1980, l'activité de trésorerie deviendra un élément essentiel et dynamique de la gestion financière tant dans le secteur privé que public. Mieux, elle est de nos jours, une fonction financière à part entière.

La gestion de la trésorerie est un processus qui met en relation une diversité de pratiques et de méthodes tandis que la trésorerie est l'état à un moment donné de ce processus. Dans ce point, nous clarifions le concept de trésorerie, identifions les principales articulations de sa gestion.

2.1. La trésorerie

La trésorerie d'une entité économique est l'ensemble de ses disponibilités lui permettant de faire face à ses engagements. Plus exactement, il s'agit des ressources dont elle dispose en caisse ou sur ses comptes bancaires pour faire face à ses dépenses courantes. C'est donc la traduction financière de l'intégralité des actes de gestion de l'entité couvrant l'entièreté de son cycle d'activité (Forget 2005). Ce faisant, elle est étroitement liée aux mouvements de liquidité à l'intérieur et à l'extérieur de l'entité (Topsacalian et Teulié 2013).

En somme, le terme trésorerie renvoie à l'ensemble des moyens disponibles de l'entité lui permettant d'être solvable en tenant compte de l'exigibilité des dettes. Elle satisfait aux trois (03) exigences. Il s'agit de :

(i) **la liquidité** qui est l'aptitude de l'entité à faire face à ses dépenses par une circulation optimale de ses flux du cycle d'exploitation ;
(ii) **l'exigibilité** qui exprime la capacité de l'entité à respecter les dates d'échéance de règlement de ses dettes ;
(iii) **la solvabilité** qui traduit l'aptitude de l'entreprise à rembourser à terme l'ensemble de ses dettes.

De façon pratique, elle est la différence entre la trésorerie active et passive. La trésorerie active fait référence à la trésorerie que possède l'entreprise c'est-à-dire les disponibilités en banque, en caisse, et en compte de chèques postaux. La trésorerie passive, elle, concerne les concours bancaires.

2.2. La gestion de la trésorerie

La gestion de la trésorerie est l'action consistant à ajuster les disponibilités aux engagements financiers dans le temps et dans l'espace. Le but de cette gestion est d'une part, d'éviter les ruptures de paiements et d'autre part de minimiser le coût des financements utilisés ou de faire un placement adéquat des excédents ponctuels.

Miller et Hadley (2016), elle se réfère aux processus impliqués dans le transfert efficace de l'argent de ceux qui le recueillent à ceux qui le dépensent, afin de payer les créanciers, les fournisseurs, les unités de prestation de services, les travailleurs du secteur public et autres.

2.2.1. Gestion de la trésorerie dans l'entreprise

Pour une entreprise, la gestion de la trésorerie est l'activité consistant à gérer les risques de liquidité, de taux d'intérêt et de taux de change qui pèsent sur l'entreprise ; et à placer les liquidités dans les meilleures conditions de rentabilité et de risque. En général, cette gestion est assurée par le trésorier. Celui-ci doit pouvoir faire face tous les jours aux engagements de l'entreprise en mobilisant les ressources financières nécessaires à court ou à long terme.

Ainsi, la gestion de la trésorerie est l'ensemble des choix et des procédés qui permettent de garantir la solvabilité de l'entreprise tout en optimisant l'ensemble des produits et des frais financiers. Elle consiste d'un côté à gérer les instruments de paiement et de financement et de l'autre côté à informer les gestionnaires des conséquences de leurs décisions sur la trésorerie. A cet égard, elle s'articule autour de la gestion de deux (2) grands axes : les liquidités et les risques financiers. La gestion des liquidités englobe toutes les activités relatives aux entrées d'argent, à la capacité de paiement de l'entreprise, à la rentabilité des fonds engagés et à la réduction des risques qui y sont liés. Elle permet d'optimiser leur exploitation, en anticipant les risques qui peuvent en découler, notamment au niveau des taux d'intérêt.

La gestion des risques financiers implique la classification de ces derniers selon deux (2) typologies. Il s'agit des risques systémiques et des risques non systémiques. Le premier type de risques est lié aux fluctuations globales du marché, alors que le second concerne un groupe d'actions précis dans un secteur particulier, notamment celui de l'entreprise. Le trésorier de l'entreprise doit mettre en œuvre des mesures de contrôle de ces risques et prévoir des solutions de couverture contre les pertes éventuelles. Il doit également impliquer les porteurs de projets dans la responsabilité des risques qu'ils introduisent au niveau du système financier de l'entreprise.

La gestion de la trésorerie répond donc à un certain nombre d'objectifs. Il s'agit essentiellement de :

- ✓ la gestion, le contrôle et la sécurisation de l'ensemble des flux financiers de l'entreprise;
- ✓ l'assurance de la solvabilité de l'entreprise à moindre coût ;
- ✓ l'arbitrage entre les différents produits de financement et de placement ;
- ✓ la gestion des risques financiers et des risques de change ;
- ✓ l'optimisation et la gestion de la relation banque-entreprise

La gestion dite « optimale » de la trésorerie consiste à prévoir, contrôler et maîtriser la dimension et la date des exigibilités et celles des disponibilités spontanées résultant du fonctionnement de l'entreprise, et, à se procurer en temps voulu et à moindre coût, les disponibilités complémentaires qui sont éventuellement nécessaires. Autrement dit, elle a pour objectif d'assurer la liquidité de la firme à moindre coût. Dès lors, l'objectif de la gestion de la trésorerie est de tendre au mieux vers la trésorerie zéro. Il s'agit d'une part d'une quasi-coïncidence entre les encaissements et les décaissements et d'autre part un fonds de roulement qui couvre les besoins en fonds de roulement. Si non, lorsque la trésorerie est excédentaire, cet excédent doit être placé sur le marché aux meilleurs taux en vue d'optimiser les produits financiers de l'entreprise. De manière symétrique, les déficits de trésorerie doivent être financés de manière adéquate dans le sens de réduire les charges financières de l'entreprise. En gérant la trésorerie de la sorte, le résultat financier de l'entreprise se trouve maximisé, améliorant du même coup sa rentabilité.

2.2.2. La gestion de la trésorerie dans l'administration publique

La logique de la gestion de la trésorerie dans l'entreprise prévaut également dans les administrations publiques. A ce niveau, le but de la gestion de trésorerie est généralement compris comme étant d'avoir la bonne somme d'argent au bon endroit au bon moment pour répondre aux obligations du gouvernement et ce, de la manière la plus rentable (Miller et Hadley 2016). En général, dans les pays développés disposant de solides systèmes de gestion des finances publiques et dans lesquels le marché obligataire est bien développé, la disponibilité d'argent pour les paiements est considérée comme étant un acquis. Dans ces conditions, notent Miller et Hadley (2016), la gestion de la trésorerie consiste en grande partie à trouver les approches les plus rentables pour répondre aux besoins de financement à court terme d'un gouvernement et à utiliser les excédents temporaires de trésorerie le plus efficacement possible. Cependant, dans les pays à faible revenu, il existe des déséquilibres criards entre le montant des liquidités que le gouvernement a dans ses comptes et les demandes de payement des factures courantes et des arriérés, tant et si bien que «avoir de l'argent au bon endroit et au bon moment» semble être une proposition très ambitieuse.

Dans les économies avancées, les dépenses sont limitées par un processus budgétaire crédible et un système bien établi de contrôles de trésorerie.

Dans de telles circonstances, il y a généralement deux objectifs clés attachés à la gestion de trésorerie (Miller et Hadley 2016). Il s'agit :

(i) d'exécuter le budget et d'effectuer les paiements quand ils sont dus ;

(ii) de faire cela de la manière la plus rentable et efficace possible, avec des processus qui non seulement minimisent les frais nets d'intérêt engagés dans l'utilisation de trésorerie, mais qui facilitent aussi une bonne planification et une liaison efficace avec la gestion de la dette et les politiques connexes.

A ces deux objectifs, il faut adjoindre un autre dans le cas des pays à faible revenu. Il s'agit de contrôler les dépenses, en les maintenant dans les objectifs globaux de dépenses à travers le rationnement de trésorerie.

En général, la responsabilité de la gestion des systèmes de gestion de trésorerie repose sur la fonction de « trésorerie » du ministère en charge des Finances. Elle est assurée dans certains pays par le Trésor Public. Cet impératif de gestion de la trésorerie des Etats est lié au fait que les flux de recettes et les obligations de paiement des engagements ne concordent généralement pas pour un temps donné. Pour certaines périodes, des revenus suffisants arrivent exactement au moment où les obligations de paiement seront dues. Pour d'autres par contre, des recettes excéderont les demandes de dépenses ou alors c'est le cas inverse, légitimant ainsi la gestion de la trésorerie. Le processus de gestion des finances publiques permet de mieux cerner l'impératif de la gestion de la trésorerie.

Le budget de l'Etat suit un cycle annuel. Le cycle budgétaire a pour objet de s'assurer que les recettes et les dépenses publiques sont bien planifiées, exécutées et comptabilisées. Un cycle budgétaire standard comprend quatre étapes distinctes résumées dans le graphique 1 ci-dessous. La première étape est la définition et la formulation du budget. Au cours de cette étape, les gouvernants, à travers un processus en principe participatif et transparent, arrête le budget sur la base des priorités nationales et de la vision de développement qu'ils ont pour le pays. Ce budget contient les prévisions de recettes et de dépenses. Le ministère en charge des Finances fait des prévisions de recettes (fiscales et de porte) qu'il espère encaisser tout au long de l'année et les dépenses de l'exercice à venir. A ce niveau déjà, si les estimations des recettes et des dépenses ne sont pas crédibles, cela va handicaper plus tard la gestion de la trésorerie où les problèmes peuvent commencer à se poser.

Typiquement, dans les pays à faible revenu, l'existence de budgets crédibles n'est toujours pas la chose la mieux partagée. En effet, à cette étape, des prévisions de trésorerie efficaces sont essentielles pour une gestion plus saine de la trésorerie. Toutefois, la prévision des recettes est difficile car la structure des économies de ces pays laisse entrevoir des recettes erratiques.

De plus, elle exige un degré important de jugement analytique et de compétences de coordination pour l'estimation et la modélisation correcte des entrées et des sorties de comptes publics en fonction de l'expérience historique d'une part et des perspectives économiques à venir d'autre part. Or, très souvent, cette compétence de coordination pour s'assurer que les différentes parties du gouvernement impliquées dans le processus soient véritablement engagées à fournir des données et des prévisions opportunes et précises est limitée. De même, la prévision s'avère être une tâche ardue car dans certains de ces pays, le budget dépend aussi du financement des partenaires techniques et financiers dont le financement est parfois incertain.

Graphique 1 : Un système simplifié de gestion des finances publiques

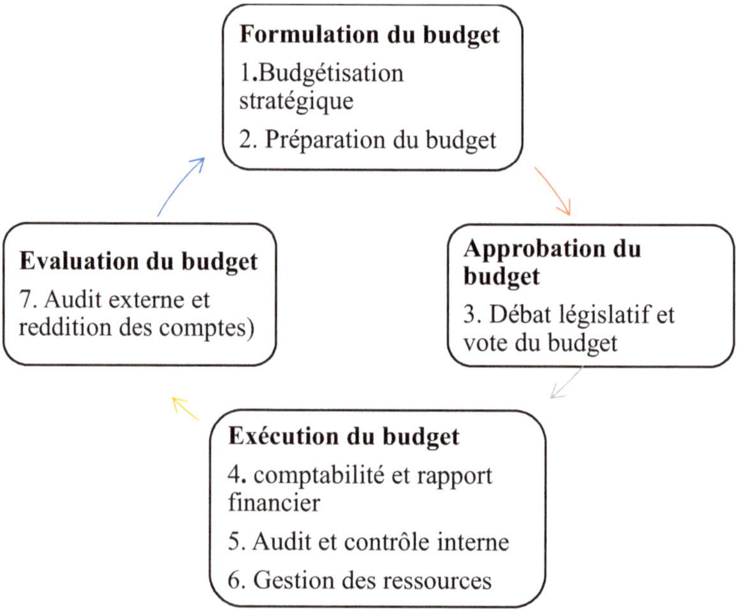

```
            Formulation du budget
            1. Budgétisation stratégique
            2. Préparation du budget

Evaluation du budget              Approbation du budget
7. Audit externe et               3. Débat législatif et
reddition des comptes)            vote du budget

            Exécution du budget
            4. comptabilité et rapport financier
            5. Audit et contrôle interne
            6. Gestion des ressources
```

Source : Adapté de Andrew et *al*. (2014).

La seconde étape est l'approbation du budget. Le projet de budget proposé par le gouvernement fait l'objet d'un débat au cours d'une session des représentants du peuple (l'assemblée nationale) qui, en principe, s'assure que celui-ci prend en compte les préoccupations réelles des populations.

A l'issue des négociations, le parlement procède à l'approbation du budget et autorise le gouvernement à le mettre en œuvre.

Lorsque les budgets approuvés ne sont pas crédibles comme nous l'invoquions plus haut et que les dépenses ne peuvent pas être financées dans le cadre de l'enveloppe de ressources disponibles, le budget doit être réorienté au cours de l'année. En effet, les difficultés de faire des estimations fiables des recettes et des dépenses exacerbent l'inadéquation entre les recettes et les dépenses prévues. Subséquemment, le calendrier des encaissements n'est pas identique à celui des dépenses. À un moment donné, les administrations publiques auront un excédent ou un déficit de ressources de liquidités. Dans la pratique, les administrations fiscales préparent les projections mensuelles d'encaissement des recettes pour l'exercice et les soumettent à l'unité de gestion de la trésorerie. Ces prévisions sont actualisées tous les mois ou plus fréquemment si nécessaire. Les ministères préparent les projections mensuelles de dépenses et les soumettent à l'unité de gestion de la trésorerie. L'unité de gestion de la trésorerie estime les excédents et besoins de liquidités. Les plans d'emprunt et de placement sont établis à partir de ces estimations. Dans les faits, les besoins de trésorerie sont plutôt courants. Ce faisant, le Ministère en charge des finances, en cours d'exercice, procède à une régulation budgétaire. Cette régulation budgétaire consiste à réduire en cours d'exercice, l'enveloppe financière allouée aux structures étatiques. Du coup, ces dernières, notamment celles dont les recettes propres sont limitées, ont des difficultés dans la gestion de leur trésorerie. Ces difficultés peuvent entacher la fourniture des services aux citoyens.

Après avoir produit des biens et services dans le but d'améliorer les conditions de vie des populations, en dernier ressort, le gouvernement rend compte de la gestion du budget au parlement, dans une perspective de reddition des comptes.

2.2.3. Plan et budget de trésorerie

Les prévisions de flux de trésorerie permettent à l'unité de gestion de trésorerie de préparer un plan de trésorerie. Ce plan permet la planification des emprunts et des placements. Les encaissements et les décaissements permettent ainsi d'établir le budget de trésorerie.

Le budget de trésorerie est un document annuel prévisionnel qui se présente comme une simulation de l'incidence de tous les flux économiques sur la trésorerie, présentant ainsi la trésorerie disponible à la fin de chaque période. Il est composé des rubriques encaissements et décaissements dont la différence permet d'avoir le solde de la trésorerie.

Dans sa présentation classique, le budget de trésorerie est un tableau présentant en colonne les mois de l'année et en ligne les encaissements, les décaissements, le solde, la trésorerie initiale et la trésorerie finale.

Tableau 1 : **Exemple sur la détermination du budget de trésorerie**

	Janvier	Février	Novembre	Décembre
Total Encaissement (Ressources)	A			
Recettes				
Appui Budgétaire				
Total Décaissement	B			
personnel				
Biens et services				
intérêts				
Transferts				
Investissements				
Solde Trésorerie du mois (placement/emprunt)	C			
Trésorerie Cumulée	TC = A-B+C			

Source : **Auteur à partir de la littérature**

Deux approches sont principalement envisagées dans l'élaboration du budget de trésorerie. La première consiste à établir une prévision d'ensemble sur l'année des dépenses et des investissements puis à déterminer, par une synthèse des prévisions pour les dépenses de fonctionnement et d'investissement, les soldes de trésorerie pour chacun des mois à venir. On définit ensuite une nouvelle programmation des recettes jusqu'à parvenir au volume de trésorerie souhaitable. La seconde approche consiste à construire le budget mois par mois.

Conclusion

Ce chapitre a permis de présenter le soubassement théorique et le cadre conceptuel de notre recherche. Dans ce cadre, les différentes modalités de financement de l'économie ont été passées en revue dans un premier temps. En second lieu, la problématique de la gestion de la trésorerie a été abordée. La clarification théorique et conceptuelle étant faite, il importe de présenter l'institution faisant l'objet de l'analyse. C'est ce à quoi nous nous attelons dans le second chapitre.

CHAPITRE II : PRESENTATION DE L'ENAREF

L'Ecole Nationale des Régies Financières (E.NA.RE.F) est un établissement public de l'Etat (EPE) à caractère administratif placé sous la double tutelle technique et financière du Ministère de l'Economie, des Finances et du Développement (MINEFID). Elle a été créée par Kiti N° AN V-0258/PF/MF du 06 Juin 1988. Elle est dotée de la personnalité juridique et de l'autonomie financière. L'ENAREF ambitionne être « *un pôle d'excellence régional d'enseignement et de recherche appliquée dans le secteur de l'économie et des Finances publiques* » à l'horizon 2019. Dans ce chapitre, la mission, l'organisation et le fonctionnement de l'école sont décrits.

1. **Vision et Missions de l'ENAREF**

L'ENAREF est une école professionnelle d'enseignement et de recherche appliquée dans le secteur de l'économie et des finances publiques dont la vision est d'être un pôle d'excellence régional au service du développement.

C'est une école à vocation régionale et à forte dominance professionnelle en appui au secteur de l'économie et des finances publiques. Dans le cadre de ses activités, l'ENAREF est chargée notamment de :

(i) dispenser une formation professionnelle initiale et continue aux élèves-fonctionnaires et aux fonctionnaires-élèves de l'Administration économique et financière du Burkina Faso et de tout autre Etat qui le souhaite.

(ii) élaborer et organiser à la demande de tout service intéressé, des stages de formation, de perfectionnement ou de recyclage destinés à leurs agents.

(iii) la recherche appliquée en économie et en finances publiques ;

Dans le cadre de la formation initiale, l'Ecole dispense des enseignements dans les filières de formation à travers trois (03) cycles correspondant aux catégories A, B et C de la fonction publique. Les cours sont dispensés dans six filières : fiscalité, finance, comptabilité, économie et développement, aménagement du territoire et développement local et Statistiques.

Dans le volet formation continue, l'ENAREF offre le Master Certificate en gestion stratégique du cycle de passation des marchés publics et le Master en audit et contrôle de gestion basée sur le risque dans le secteur public.

2. Organisation de l'ENAREF

En tant qu'EPE, L'ENAREF est régie par deux types d'organes. Il s'agit de l'Assemblée Générale (AG) des EPE et le Conseil d'Administration (CA).

2.1. L'Assemblée Générale

Elle est l'instance décisionnelle et est présidée par le Président du Faso ou le Premier Ministre par délégation. Elle statue sur toutes les décisions relatives à la vie des EPE, notamment sur les comptes de gestion, les comptes administratifs et le rapport de gestion des administrateurs. De même, elle délibère sur les questions relatives à la modification des statuts, les augmentations ou diminution des indemnités, les décisions d'arrêt de l'activité.

2.2. Le Conseil d'Administration

L'ENAREF est administrée par un Conseil d'Administration de neuf membres. Ces administrateurs issus de plusieurs sensibilités aident à la prise de décisions en ce qui concerne les objectifs stratégiques que l'Etat s'est fixé en matière de formation professionnelle dans le domaine des finances publiques. Dans la gestion quotidienne de l'ENAREF, le CA est relayé par une Direction Générale

2.3. La Direction Générale

La gestion quotidienne de l'ENAREF est assurée par une Direction Générale avec à sa tête un Directeur Général nommé en Conseil des Ministres. Le Directeur Général coordonne l'ensemble des activées des directions techniques et d'appui dont deux sont étroitement impliquées dans la gestion de la trésorerie. La première est la direction des affaires administratives et financières (DAAF) qui a pour mission de concevoir et de mettre en œuvre une politique de gestion des ressources humaines, matérielle et financière. Dans cette optique, elle élabore et exécute le budget annuel. La seconde est l'agence comptable. Elle est chargée de la gestion des deniers et des opérations de trésorerie. Elle abrite les services de la recette, de la dépense et de la comptabilité.

3. Direction de l'Administration des Finances (DAF)

La Direction de l'Administration des Finances a pour mission d'assurer l'administration et la gestion des ressources matérielles et financières.

A ce titre, elle est chargée de :

- organiser les services placés sous sa responsabilité ;
- élaborer l'avant-projet de budget de l'école ;
- assurer l'exécution des dépenses budgétaires de l'école ;
- élaborer le compte administratif à la fin de chaque année budgétaire ;
- élaborer le rapport de gestion du Conseil d'Administration à l'Assemblée Générale des EPE ;
- assurer la prise en compte des modifications budgétaires ;
- veiller à la tenue de la comptabilité matière ;
- veiller à l'entretien et la maintenance des biens meubles et immeubles de l'école ;
- assurer la sécurité des biens meubles et immeubles de l'école ;
- gérer le magasin des fournitures de bureau et de tout autre bien en stock ;
- veiller à l'entretien et au nettoyage de l'école ;
- gérer le patrimoine de l'école ;
- initier le plan annuel de passation des marchés ;
- suivre la mise en œuvre du plan de passation des marchés ;
- mettre en œuvre et suivre l'exécution des contrats ;
- gérer le matériel roulant, le carburant et les lubrifiants ;
- participer à l'aménagement de l'école sous l'autorité du Directeur Général ;
- veiller à la gestion de la reprographie des documents ;
- gérer toute autre question d'ordre administratif, budgétaire, matériel et/ou financier.

La Direction de l'Administration des Finances est dirigée par un Directeur nommé par décret pris en Conseil des Ministres sur proposition du Ministre chargé des Finances.

3.1. Le Service Financier (SF)

Le service financier a pour mission l'élaboration de l'avant-projet de budget et de l'exécution budgétaire.

A ce titre, il est chargé de:

- initier l'avant-projet de budget;
- suivre les demandes de déblocage de fonds ;
- préparer les engagements, liquidations et mandatements de dépenses ;
- préparer les factures et ordres de recettes ;

- tenir la comptabilité des opérations budgétaires de chaque mois ;
- initier les bons et lettres de commandes, les marchés et contrats divers ;
- initier le compte administratif à la fin de chaque année budgétaire ;
- élaborer et suivre la mise en œuvre du plan d'investissement ;
- mettre en œuvre le cadre de suivi de l'exécution du budget ;
- assurer la clôture de l'exécution du budget ;
- produire et analyser des statistiques budgétaires ;
- proposer les dépenses non reconductibles et les nouveaux besoins ;
- assurer la préparation de la circulaire budgétaire ;
- recenser les besoins nés et les propositions d'abandon de crédits en cours d'exécution du budget et évaluer leur incidence financière;
- centraliser l'expression des besoins des différentes structures;
- participer à la préparation du projet de plan de passation des marchés ;
- veiller à la détermination des caractéristiques techniques des biens et services à acquérir ;
- participer à l'élaboration des projets de dossiers d'appel à concurrence ;
- assurer la représentation de la DAF aux travaux de la commission d'attribution des marchés ;
- assurer l'élaboration des projets de contrats.
- apporter un appui technique aux autres services.
- exécuter toute autre tâche d'ordre financier ;

Le service financier est dirigé par un Chef de service nommé par décision du Directeur Général.

3.2. Le Service de la logistique et du matériel (SLM)

Le Service de la logistique et du matériel a pour mission la gestion des affaires immobilières, des équipements et du matériel.

A ce titre, il est chargé :

- d'assurer la gestion des infrastructures et du matériel de ;
- d'assurer l'approvisionnement régulier et la gestion des stocks de matières et des fournitures ;
- d'assurer l'entretien et la maintenance des biens meubles et immeubles ;
- de tenir à jour l'inventaire des biens;
- d'assurer la tenue de la comptabilité matière ;
- de mettre en œuvre les mesures de rationalisation des dépenses de fonctionnement;

- d'assurer le contrôle de l'utilisation des biens ;
- de gérer le carburant et les lubrifiants ;
- d'assurer la participation de la DAF aux travaux des commissions de réception pour les acquisitions de mobiliers, de matériel ou de fournitures ;
- d'assurer la gestion de la reprographie des documents.

Le service de la logistique et du matériel est dirigé par un Chef de service nommé par décision du Directeur Général.

4. Dispositif de gestion de la trésorerie

Dans l'optique d'une gestion optimale et rigoureuse de la trésorerie de l'école, un comité de suivi de l'exécution budgétaire a été mis en place. Celui-ci se réunit chaque mois et examine les dossiers qui lui ont été soumis par les services de la DAAF et de l'agence comptable. Il s'agit de la situation des ressources disponibles notamment la disponibilité dans le compte de l'ENAREF au trésor public et de la situation dans la caisse tenue à l'agence comptable. De même, le comité analyse la situation des recettes en instance de recouvrement et des mandats en instance de paiement à l'agence comptable. Outre cela, le comité examine la situation des mandats à la DAAF en instance de transmission à l'agence comptable et des liquidités qui seront probablement mandatés et transmis à l'agence comptable.

Après un examen minutieux de ces informations, le comité décide du montant des paiements qui peuvent être effectués au cours du mois.

3. Conclusion

L'objectif de ce chapitre était de présenter l'ENAREF. Dans cette perspective, il nous a paru essentiel d'aborder l'organisation de l'ENAREF à la suite de sa mission. De même, le dispositif de gestion de la trésorerie a été présenté. Connaissant les attributions de l'ENAREF et son dispositif de gestion de la trésorerie, l'analyse proprement dite peut se faire. C'est l'objet du chapitre suivant.

CHAPITRE III : ANALYSE DIAGNOSTIQUE DE LA SITUATION DE LA TRESORERIE DE L'ENAREF ET PROPOSITION D'UNE STRATEGIE DE NICHES D'ACTIVITES POUR UN ACCROISSEMENT DES RECETTES PROPRES

Dans ce chapitre, nous abordons la gestion de la trésorerie de l'ENAREF vue sous l'angle des acteurs clés de l'école. Pour apprécier cette gestion, une collecte de donnée a été initiée. Cette collecte a concerné trente sept (37) personnes composées des différents services, des enseignants, des vacataires. Les personnes enquêtées ont également donné leur avis sur l'impact de la régulation d'une part et de la faiblesse des recttes propres d'autre part sur la trésorerie de l'école. Les données collectées ont été analysées sous excel.

A partir de l'analyse effectuée, des propositions en termes de nouvelles niches, d'amélioration de la formatiuon initiale et conbtinue ainsi que la recherche dans le domaine des finances publiques ont été proposées. Ces propositions, conjuguées à la mise en valeur de l'image de marque de l'école conférée par la certification de la qualité de ses prestations à travers la norme ISO 9001 version 2015, pourront contribuer un temps soit peu à accroitre les recettes propres.

1. **Appréciation de la situation de trésorerie de l'ENAREF**

   1.1. Appréciation d'ensemble de la gestion de la trésorerie

Du traitement des données de l'enquête réalisé auprès de l'échantillon de trente sept (37) agents de lécole, il ressort que trente cinq (35) ont donné leur avis sur la gestion de la trésporerie à l'ENAREF. Les résultats sont résumés dans les graphiques suivants :.

Graphique 2: Appréciation de la gestion de la trésorerie

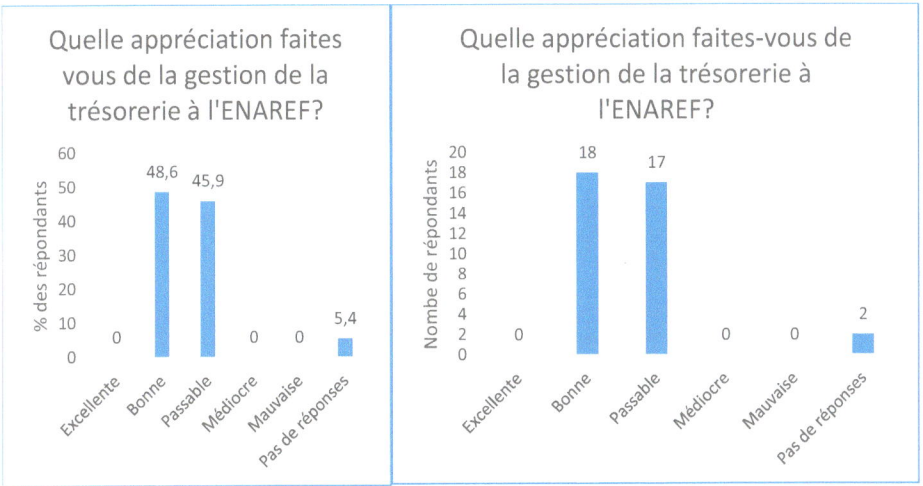

Source : Auteur, à partir des données collectées en Mars 2020

L'analyse des resultats permet de noter que dix huit (18) personnes soit 48, 6% des répondants estiment que la gestion de la trésorerie est bonne. Cet avis est motivé par la bonne planification et la priorisation des dépenses à caractère obligatoires (les salaires et les pécules notamment) ainsi que la transparence dans la gestion des ressources publiques, et la maitrise des outils de suivi de la trésorerie. Il denote de la disponibilité d'un dispositif de gestion de la trésorerie et un arbitrage dans le couple priorité- importance dans la perspective d'une priorisation des actions importantes immédiatement.

Dans le même ordre d'idéées, dix sept (17) personnes sur les trente cinq (35) ont jugé la gestion de la trésorerie passable. Ce jugement de valeur est fondé, selon les enquêtés, entre autres, sur la faiblesse des ressources propres, la baisse tendancielle de la subvention, le non-respect des délais de paiement et la lenteur des paiements des factures des prestataires. En plus de ces raisons, le retard dans le paiement des heures supplémentaires et des frais de vacations des enseignants permanents sont des raisons qui justifient cet avis.

Aucun répondant n'a jugé la gestion de la trésorerie excellente, médiocre ou mauvaise.

1.2. Appréciation du niveau des recettes propres

Les ressources de l'ENAREF sont constituées des recettes propres provenant essentiellement des activités de formation continue et des inscriptions sur test et de la subvention de l'Etat. Dans l'optique d'analyser les recettes propres, nous avons requis également l'avis des acteurs de l'ENAREF. Le graphe suivant résume les résultats.

Graphique 3 : Appréciation du niveau des recettes propres

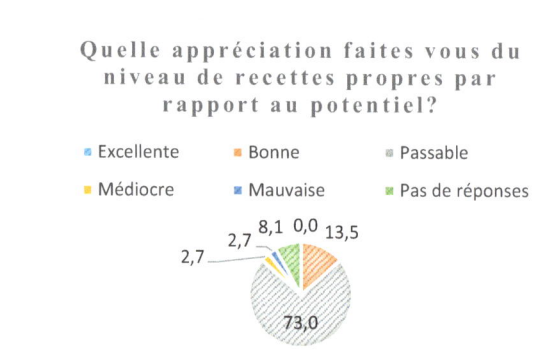

Source : Auteur, à partir des données collectées en Mars 2020

Ainsi, de l'appréciation faite du niveau des recettes propres générées par l'école, il ressort que seulement 13,5% des répondants trouve qu'il est bon. Plus des ¾ des répondants estiment que le niveau de recettes propre est passable. Dans le même sens, 5,4% des répondants estiment que le niveau de recettes propres est mauvais ou médiocre. Ces réponses sont liées à la faiblesse des recettes propres. Sur la période 2013-2018, elles ont représenté entre 17,91% et 33% pour une moyenne globale de 27%.

En plus d'être faibles, il importe de noter que les recettes propres sont erratiques. Comme l'indique le graphique ci-dessous, la droite d'ajustement montre que la tendance est à la hausse. Toutefois, l'école n'arrive pas à stabiliser les recettes dans le temps. Ce qui peut rendre la prévision des recettes non seulement difficiles, mais aussi et surtout non crédibles. Dès lors, cette situation contribue à rendre la gestion de la trésorerie plus délicate. Le graph suivant décrit l'évolution des recettes propres

Graphique 4 : évolution des recettes propres

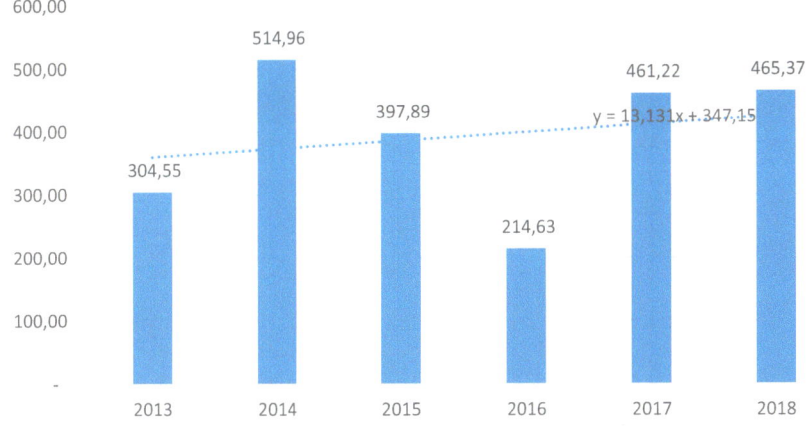

Source : Auteur, à partir des comptes de gestion de l'ENAREF, exercices 2013 à 2018

1.3. Impact de la régulation budgétaire

La subvention de l'Etat constitue la principale source de financement des activités de l'école. En effet, sur la période 2013-2018, elle a varié entre 67% et 82% des ressources, représentant en moyenne 73%. Eu égard à cette prépondérance, toute action qui a une incidence sur le montant de la subvention empiétera sur la gestion de la trésorerie et l'exécution des activités. Du reste, l'appréciation négative d'ensemble de la gestion de la trésorerie, évoquée dans la première section, trouve en partie son explication dans la régulation budgétaire. A en croire les résultats de l'enquête, sur les trente-sept (37) répondants, trente-et-un (31) ont relevé que la régulation budgétaire affecte négativement la réalisation des activés de l'ENAREF (Confer graphique).

Graphique 5 : Impact de la régulation budgétaire

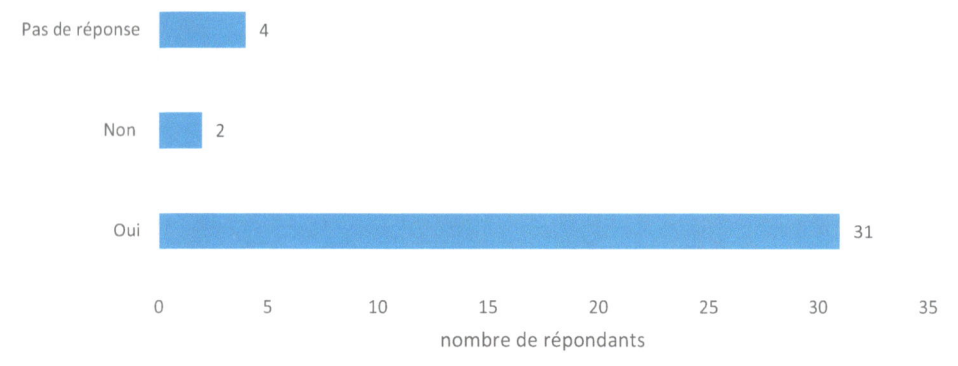

Source : Auteur, à partir de l'enquête, mars 2020

Le graphique révèle également que seulement deux répondants estiment que la régulation n'influence pas leur activité.

La régulation budgétaire entrave la réalisation des missions des services au quotidien. Lorsque la régulation touche les investissements liés à la qualité du cadre de travail et des activités pédagogiques, cela a pour conséquences, la non disponibilité du matériel de travail. Elle impacte par ricochet la qualité du travail, le report des activités et ou le transfert des charges de l'année N à l'année N+1. Par exemple, le retard dans la reprise du câblage du réseau informatique, liée aux problèmes de trésorerie suite à la régulation, a rendu momentanément indisponible la connexion, rendant subséquemment inexploitable, le logiciel de gestion académique.

De même, le retard dans le paiement des prestataires peut susciter un manque de confiance entre partenaires et ternir l'image de marque de l'école. Aussi, la régulation budgétaire entraine-t-elle souvent, la suppression des formations des agents. Cette suppression ne leur permet pas d'actualiser les connaissances et d'offrir des services de meilleure qualité. De fait, ce manque de renforcement des capacités joue sur la performance d'ensemble de l'école.

Le retard dans le désintéressement des vacataires conduit en partie à leur absentéisme, au découragement et à leur démotivation, toute chose qui joue sur la qualité de l'enseignement et partant, des ressources humaines formées par l'école.

Elle écorne, une fois de plus, l'image de marque et la notoriété de l'école. Dans le même registre, le manque des ressources financières limitent les voyages de perfectionnement et de recherche, toute chose qui ne permet pas d'améliorer continuellement la qualité de l'enseignement. Ainsi, près de 65% des répondants trouve que la régulation budgétaire empiète sur la qualité de l'enseignement.

Graphique 6 : régulation budgétaire et qualité de l'enseignement

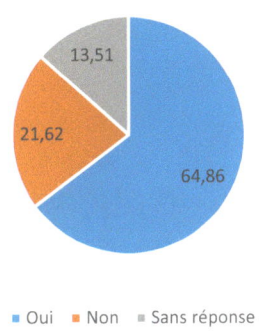

la régulation budgétaire empiète -t-elle la qualité de l'enseignement à l'ENAREF?

■ Oui ■ Non ■ Sans réponse

Source : Auteur, à partir de l'enquête, mars 2020

Cette analyse révèle que la faiblesse des ressources propres de l'ENAREF et la régulation budgétaire jouent sur la gestion de la trésorerie. De ce fait, elles entravent la mise en œuvre adéquate des activités. Par conséquent, elles ont un impact sur la performance de l'école notamment en termes de qualité de la prestation des services. A cet égard, et dans l'optique de permettre à l'école d'offrir des prestations de qualité tout en gardant son image de marque renforcée par la certification, des propositions sont nécessaires. Etant donné que les marges de manœuvre dont dispose l'école pour limiter la régulation budgétaire sont minimes voire quasi inexistantes, les propositions visent à accroitre les recettes propres.

2. Propositions pour accroitre les recettes propres de l'ENAREF

Les propositions que nous faisons sont relatives à de nouvelles niches à explorer d'une part et d'autre part aux différents pans des activités de l'école. Mais pour que ces réformes portent les fruits escomptés, une révision su statut de l'école s'impose.

2.1. Du statut de l'ENAREF

Pour permettre à l'ENAREF de mieux capter les opportunités que lui offre son environnement et de toujours garder sa mission de service public, une relecture de ses textes est nécessaire. Cette relecture devra lui permettre de pouvoir améliorer le taux d'autofinancement à travers une augmentation des recettes propres. De même, des éléments de redevabilités doivent être inclus.

2.2. Au titre des nouvelles niches

Au titre des nouvelles niches, la première proposition est de rendre payantes toutes les prestations demandées par les administrations publiques et privées. Cette proposition n'est pas en déphasage avec la mission de l'école et permettra d'accroitre les recettes. Il s'agit des prestations comme le recrutement pour le compte des collectivités territoriales et des autres structures confiées à l'ENAREF. De même, sans pour autant se substituer au secteur privé et tout en assurant la mission de service public, il importe de développer des offres de services comme la location des salles et des véhicules en intensifiant la publicité de ces services. A cet égard, il y a lieu de dynamiser le service marketing et communication. Ce service qui se voudra dynamique, proactif et innovant devra mettre en exergue sur le site web animé et actif, les prestations proposées, la plus-value de l'ENAREF par rapport aux autres prestataires et la certification de la qualité des services.

2.3. Formation initiale

Au niveau de la formation initiale, trois mesures sont proposées. Premièrement, il faut favoriser les inscriptions sur test, au regard de la réduction des recrutements de l'Etat. Le recrutement peut se faire auprès des collectivités territoriales dont le besoin de personnel en planification, en statistiques, en gestion comptable et financière et en recouvrement de recettes n'est plus à monter pour un pays résolument engagé dans le processus de décentralisation. Les agents des pays de la sous-région constituent aussi une clientèle potentielle dont il faut mobiliser à travers une proche particulière.

Dans cette optique, il est indispensable de renforcer le partenariat avec les pays en identifiant des points focaux capables de susciter des inscriptions ou d'accroître le nombre d'inscrits dans des pays comme les Comores, la Centrafrique, le Gabon, le Niger, le Tchad, le Togo, le Congo entre autres.

La deuxième proposition a trait à la mise en place d'une plateforme de formation en ligne. Dans cette démarche, un point d'honneur devra être mis sur la qualité des services conférée par la certification. Aujourd'hui, l'ENAREF doit tirer parti de la révolution du numérique. Etant donné que ses produits sont appréciés au-delà des frontières du pays, un accent particulier doit être mis sur le e-learning. Cette offre permettra d'accroitre l'effectif et les recettes propres de l'école.

En dernier ressort, il s'agit de développer d'autres filières comme la comptabilité matières, les marchés publics et le cycle d'ingénieur en statistiques.

2.4. Formation continue

En ce qui concerne la formation continue, il importe de proposer des modules de formation spécifiques en finances publiques pour le renforcement des capacités des agents des régies financières, des collectivités territoriales, des EPE, des sociétés d'Etat etc. A cet égard, l'école pourra solliciter des experts dans différents domaines (microfinance, jeu de hasard, dette publique, fiscalité intérieure, fiscalité minière). Ces formations pourraient se faire dans les différentes régions du pays et en Afrique, pour permettre à tous ceux qui le désirent d'y participer. En concordance avec la dernière proposition relative à la formation initiale, il faut élargir la gamme des masters en formation à l'ENAREF.

Au titre de la formation continue, une étude d'identification des métiers d'avenir et des besoins de formation permettra d'approfondir ces propositions et d'en conclure sur leur faisabilité.

2.5. Recherche et Etudes

Pour ce qui est des études et de la recherche, il convient de développer au sein de l'école, une expertise pour la conception et la réalisation d'études dans le domaine de l'économie appliquée et des finances publiques au profit des régies financières et autres administrations. A cet égard, un partenariat peut être noué avec la direction générale de l'économie et de la planification pour bénéficier de son expertise pour la conduite des études d'une part et les potentiels commanditaires d'autre part.

Les ONG, les projets et les programmes qui font la promotion de la recherche appliquée dans le domaine des finances publiques sont des acteurs avec lesquels il faut nouer des partenariats.

En ce qui concerne le volet recherche, il faut diligenter la mise en place du groupe de recherche en finances publiques en vue de l'opérationnalisation complète de la revue finances publiques. Cette revue doit se doter d'un comité de revue dont la composition lui permet d'être très bien cotée dans les revues spécialisées en finances publiques. Cela nécessite des partenariats avec les universités dans l'optique de bénéficier de leur encadrement en matière de recherche. Dans le cadre de cette revue, une incitation des enseignants à mener des recherches et à publier peut être envisagée à travers l'instauration d'une prime de publication, toute chose qui contribuera à améliorer la qualité des enseignements.

4. Conclusion

Ce chapitre fait l'analyse diagnostic de la situation de la trésorerie à l'ENAREF et propose des niches en vue d'accroître les recettes propres. Du diagnostic, il ressort que les recettes propres sont faibles et la subvention est fortement régulée. Cela entraine la suppression ou le report de certaines activités, toute chose qui impacte négativement sur les activités pédagogiques avec pour conséquence l'altération de la qualité de la formation. Au regard de cette situation des propositions de niches ont été faites dans l'optique d'améliorer les recettes propres de l'école.

CONCLUSION GENERALE

Le Burkina Faso est un pays à revenu faible dans lequel la pauvreté est ambiante et les indicateurs sociaux ne sont pas reluisants. Cette situation exige une mobilisation des ressources conséquentes pour assurer le financement des nombreuses priorités et défis auxquels le pays fait face. La mobilisation des ressources ne peut se faire que si le pays dispose des ressources humaines de qualité. Ces ressources humaines, en plus de mobiliser les moyens doivent s'assurer de la qualité des dépenses et de la comptabilité d'une part et du pilotage de l'économie d'autre part. Cette situation place l'ENAREF, en tant que structure formatrice de compétences critiques dans les domaines économique et financier comme pivot central du processus du développement du pays.

En tant qu'EPE, l'ENAREF tire ses ressources de la subvention de l'Etat et de ses recettes propres. L'analyse de la structure de financement de l'ENAREF montre que la subvention est prépondérante tandis que les recettes propres sont relativement faibles. De plus, les recettes propres sont erratiques tandis que la subvention est régulée. Cette situation rend difficile la gestion de la trésorerie, créant ainsi des déficits. Ces déficits ont pour corolaire, la non tenue et le report des activités et la non réalisation d'investissements. Ceci entrave les activités et impacte sur la qualité des prestations de l'école en général et de l'enseignement en particulier. Au regard de tout cela, ce mémoire s'est proposé de contribuer à une meilleure gestion de la trésorerie de l'école à travers l'identification des niches d'activités en vue d'un financement plus sûr et pérenne.

Pour ce faire, trois chapitres ont été développés. Le premier chapitre a abordé l'encrage théorique et conceptuel de la recherche. Il a permis d'aborder la problématique du financement des économies et la gestion de la trésorerie dans les entreprises privées et le secteur public. Le second chapitre s'est étalé sur l'ENAREF et ses domaines. Le dernier chapitre quant à lui a été consacré à l'analyse des sources de financement sur la gestion de la trésorerie, aux problèmes qui en découlent et aux niches d'activités à explorer pour améliorer les recettes propres et partant la gestion de la trésorerie de l'école.

Cette analyse a permis de montrer que la faiblesse des ressources propres et la régulation budgétaire opérée chaque année par le ministère en charge des finances impactent sur la gestion de la trésorerie de l'ENAREF. Ainsi, la première hypothèse est confirmée. Cela joue sur la perception de la gestion de la trésorerie par les acteurs clés, empiète sur la qualité des services et est susceptible de ternir l'image d'une école pourtant certifiée ISO 9001 version 2015.

D'où la nécessité d'explorer des niches d'activités dont l'exploitation peut permettre un accroissement des recettes propres. A cet égard, des propositions ont été faites, tant au niveau de la formation initiale et continue qu'en matière de recherche.

La mise en œuvre de ces propositions même si elle ne permet pas de résoudre complètement les problèmes, contribuera un tant soit peu à donner un nouveau souffle à la gestion de la trésorerie de l'ENAREF.

BIBLIOGRAPHIE

Ouvrages

Bodie, Zvi, et Robert Merton. *Finance(traduction de Christophe Thibierge).* Paris: Nouveaux Horizons, 2011 a.

Bodie, Zvi, et Robert Merton. «L'interprétation des documents financiers et la planification financière.» Dans *Finance, 3è édition*, 74-117. Paris: Pearson Education, 2011 b.

Forget, Jack. *Gestion de trésorerie: Optimiser la gestion financière de l'entreprise à court terme.* Éditions d'Organisation, 2005.

Monier, Pascal. *Economie générale.* paris: Galino lextenso, 2009.

Nyambal, Eugène. *Afrique:les voies de la prospérité, dix clés pour sortir de la pauvrété.* 2ème édition. Paris: L'Harmattan, 2008.

Rousselot, Phillipe, et Jean François Verdié. *La gestion de trésorerie.* Paris: Dunod, 2004.

Sion, Michel. *Gérer la trésorerie et la relation bancaire.* Paris: Dunod, 2015.

Topsacalian, Patrick, et Jacques Teulié. *Finance.* Paris : Vuibert, 2013.

Articles et documents de travail

Andrews, Matt, Marco Cangiano, Neil Cole, Paolo de Renzio, Philipp Krause, et Renaud Seligmann. «This is public financial management.» CID Working Paper No. 285, Center for International Development, Harvard University, 2014, 12.

Barro, Robert J. «Health and economic growth.» *Annals of Economics and Finance* 14, n° 2(A) (2013): 305-342.

Becker, Gary S. «Human capital:A theorical and empirical analysis with special reference to education.» National Bureau of Economic Research, New York, 1964.

Couderc, Nicolas. «La détention d'actifs liquides par les entreprises. Quelles explications ?» *Revue économique* 57, n° 3 (2006): p. 485-495.

Isler, Henry W., Philippe Raetz, et Anne Viredaz Ferrari. *Gestion de trésorerie dans les collectivités publiques.* Working Paper n0 2/2000, Institut de Hautes Etudes en Administration Publique, 2000.

Lecigne, Philippe. «une nouvelle donne pour le redressement d'entreprise.» *L'expansion Management Review (N° 131)*, 2008: p. 120-129.

Lecler, Olivier. «Comment inerpreter la dégradation des trésoreries dans l'industrie en 1995?» *INSEE, Note de conjoncture*, 1996: p. 24-30.

Legay, Marie Laure. «Capitalisme, crises de trésorerie et donneurs d'avis : une relecture des années 1783-1789 ».» *Revue historique*, 2010: p. 577-608.

Ngouloubi, Cyrille Anicet, et Jules Lubiya Kataba. «Quel management pour les entreprises en difficultés financières?» *Revue Congolaise de Gestion*, 2012: p. 167 - 190.

Schultz, Paul T. «Health Human Capital and Economic Development.» *Journal of African Economies* 19 (2010): iii12-iii80.

Schultz, Theodore. «Investment in human capital.» *The Amecrican Economic Review* 51, n° 1 (1961): 1-17.

Volpi, Rémy. «la comptabilité a-t-elle sa place dans la caisse a outils de l'artisan ?» *Marché et organisations*, 2006: p. 181-206.

Rapports

Banque mondiale. «Indicateurs de dévelopement dans le monde .» 2019.

Commission de l'UEMOA. «Rapport sur la surveillance multilatérale.» 2019.

ENAREF, comptes de gestion, exercices 2013 à 2018

Gouvernement du Burkina Faso . «Plan national de développement économique et social.» Ouagadougou, 2016.

Miller, Mark, et Sierd Hadley. *Gestion de trésorerie dans des environnements à trésorerie limitée: Guide d'introduction à la gestion des fnances publiques.* London: Overseas Development Institute, 2016.

PNUD. «Au-delà des revenus, des moyennes et du temps présent :les inégalités de développement humain au XXIe siècle.» Rapport sur le développement humain 2019 , New York, 2019.

Thèses de doctorat

Jabeur, Sami Ben. *Statut de la faillite en théorie financière : approches théoriques et validations empiriques dans le contexte français.* thèse, Université de Toulon et du Var, 2011.

Juhel, Jean-Claude. *Gestion optimale de la trésorerie des entreprises.* Thèse de Doctorat, Université Nice Sophia Antipolis, 1978.

Simonet, Fabian. *croissance et PME : quels sont les leviers de la fonction finance?* thèse professionnelle, Paris: HEC, 2014.

Lois et arrêtés

Kiti N° AN V-0258/PF/MF du 06 Juin 1988

TABLE DES MATIERES

DEDICACE II

REMERCIEMENTS III

LISTE DES SIGLES ET ABREVIATIONS IV

LISTE DES TABLEAUX V

LISTE DES GRAPHIQUES V

AVANT-PROPOS VI

SOMMAIRE VII

INTRODUCTION GENERALE 1

CHAPITRE I : CADRE THEORIQUE ET CONCEPTUEL DE L'ETUDE 5

   1. Financement de l'économie 5

      1.1. Financement interne versus financement externe 5

      1.2. Financement direct versus financement indirect 5

   2. La trésorerie : concept, approches et enjeu 6

      2.1. La trésorerie 7

      2.2. La gestion de la trésorerie 7

   Conclusion 13

CHAPITRE II : PRESENTATION DE L'ENAREF 14

   1. Vision et Missions de l'ENAREF 14

   2. Organisation de l'ENAREF 15

      2.1. L'Assemblée Générale 15

      2.2. Le Conseil d'Administration 15

      2.3. La Direction Générale 15

   3. Direction de l'Administration des Finances (DAF) 15

   4. Dispositif de gestion de la trésorerie 18

3. Conclusion	18

CHAPITRE III : ANALYSE DIAGNOSTIQUE DE LA SITUATION DE LA TRESORERIE DE L'ENAREF ET PROPOSITION D'UNE STRATEGIE DE NICHES D'ACTIVITES POUR UN ACCROISSEMENT DES RECETTES PROPRES 19

1. Appréciation de la situation de trésorerie de l'ENAREF	19
1.1. Appréciation d'ensemble de la gestion de la trésorerie	19
1.2. Appréciation du niveau des recettes propres	21
1.3. Impact de la régulation budgétaire	22
2. Propositions pour accroitre les recettes propres de l'ENAREF	25
2.1. Du statut de l'ENAREF	25
2.2. Au titre des nouvelles niches	25
2.3. Formation initiale	25
2.4. Formation continue	26
2.5. Recherche et Etudes	26
4. Conclusion	27
CONCLUSION GENERALE	28
BIBLIOGRAPHIE	30
Annexe : Guide d'entretien	X

Annexe : Guide d'entretien

1. Quelle appréciation faites-vous de la gestion de la trésorerie à l'ENAREF Est-elle :

☐ Excellente
☐ Bonne
☐ Passable
☐ Médiocre
☐ Mauvaise

2. Quels sont selon vous les principaux facteurs explicatifs de votre réponse ?

....
....

3. Quelle est votre appréciation sur le niveau de recettes propres de l'ENAREF par rapport au potentiel ?

☐ Excellente
☐ Bonne
☐ Passable
☐ Médiocre
☐ Mauvaise

4. La régulation budgétaire a –elle un impact sur vos activités ?

☐ OUI
☐ NON

5. Si oui, en quoi elle constitue une entrave pour la réalisation de vos missions au quotidien ?

....
....

6. Si Oui, comment cette entrave joue sur la performance de l'école de manière générale ?

   ....
   ....

7. Empiète-elle sur la qualité de l'enseignement ?
   ☐ Oui
   ☐ Non

8. Si Oui, Comment

   ....
   ....

9. Dans le cadre d'une stratégie d'exploitation des niches d'activités pour accroitre les recettes propres de l'école, que faut-il faire ?

   ....
   ....

10. Quelle stratégie en matière de formation initiale pour accroitre les ressources de l'école ?

    ....
    ....

11. Quelle stratégie en matière de formation continue dans le but d'accroitre les ressources de l'école ?

    ....
    ....

12. Que doit faire l'ENAREF en matière de recherche pour accroitre la qualité de l'enseignement et accroitre les recettes propres de l'ENAREF ?

    ....
    ....

www.ingramcontent.com/pod-product-compliance
Lightning Source LLC
Chambersburg PA
CBHW040250220526
45473CB00001B/433